PiT Vogt

# dark

Die düstere Seite des Lebens

## texte

*Idee, Design & Layout: PiT*

*Alle Texte sind frei erfunden*

<u>*Impressum*</u>

*Herstellung und Verlag:*
*BoD - Books on Demand GmbH, Norderstedt*
*ISBN: 978-3-7494-6803-4*

**dark**

## Agonie
### (Persönliches Nachdenken)

Ein Bahnsteig in der großen Stadt
Dort, wo man wenig Argwohn hat
Da ist die Mutter
Und das Kind
Und jener Fremde: *Gar nicht blind*

Es kommt ein Zug recht schnell heran
Kommt immer näher schon sodann
Manch´ einer denkt schon an sein Ziel
Doch da geschieht das böse Spiel

*Der Fremde stößt das Kind hinab*
*Ins Gleisbett rein*
*Er brüllt und lacht*
*Dann schubst die Mutter er aufs Gleis*
*Sein Blick zeigt Freude*
*Wut und Eis*

Die Mutter kann sich retten noch
Das Kind stirbt unterm Zug jedoch
Der Fremde mit der dunklen Haut
*Ein Mörder jetzt*
*Vom Hass versaut*

*Die Menschen schreien*
*Agonie*
*Ein Kind ist tot*
*Warum und*
*Wie*
*Ein Fremder stieß es vor den Zug*
*Ists mit dem Hass noch nicht genug*

So viele zogen einst ins Land
Schürt da sich neuer Flächenbrand
Wir gaben denen Dach und Brot
Doch wolln wir weder Dank
*Noch Tod*

Ich frage mich wohl wenig froh
Sind bei dem Fremden alle so
Ist es der Hass auf unser Land
*Hat man für uns nur*
*Wut und Schand*

Den Krieg trägt man in unsere Stadt
Dort, wo man wenig Argwohn hat
Doch die da oben:
*Stur und blind*
*Und wieder stirbt manch´*
*Liebes Kind*

## Klüngel

Und sie haben viel versprochen
Doch man hat sie nie gewählt
Und sie haben viel verbrochen
*Viel gelogen*
*Viel gequält*

Und das Volk ward arg beschissen
Weil von dem man gar nichts hält
Schampus säuft man ganz beflissen
Hey, was kümmert -die- die Welt

Und sie schieben, korrumpieren
Stecken sich die Taschen voll
Alles Volk wird da verlieren
Deren Leben ist nicht toll

Und sie schmieren mit Milliarden
Klüngeln sich durch Macht und Zeit
Dort, wo Hoffnung, Wünsche waren
*Bleibt dem Volk nur*
*Hass und Leid*

*Manches „Staats-Weib" keift bedrohlich*
*Korrumpiert und schmiert und lügt*
*Ihre Macht: längst illusorisch*
*Weil sie niemand braucht*
*Und liebt*

*Ein Minister zockt recht gierig*
*Schon sind zehn Milliarden weg*
*Dabei fühlt er sich manierlich*
*Diebstahl ist für den ein Gag*

*Flott vereidigt manch´ Betrüger*
*Der nichts kann*
*Der stiehlt*
*Nur prasst*
*Schnell das Pöstchen für den Schieber*
*Korruption ist keine Last*

Alle Pöstchen gut verschoben
Scheiß auf Wahl und Ehrlichkeit
Soll das Volk doch schimpfen,
*Toben*
*Hoch klüngelt die Obrigkeit*

Und sie wissen nicht, wann Schluss ist
Ihre Korruption schon mieft
Und so kleben sie am Thron fest
*Bis das Land stöhnt*
*Schräg und schief*

Wann vertreibt man die Korrupten
Solch ein Klüngel ist nur Dreck
Wo sich Macht und Gier verpuppen
*Ist längst das Vertrauen weg*

## Dunkles Land

Die da oben schwätzen weiter
Und sie plappern täglich Mist
*Sind nicht schlau*
*Sind nicht gescheiter*
Land und Leben: *nicht mehr heiter*
Weil dies Land am Abgrund ist

Drogenstädte sind die Regel
Wer nicht dealt, den stößt man raus
Wer nicht streicht ganz schnell die Segel
Wer nicht säuft bis übern Pegel
Mit dem ist es bald schon aus

Keiner traut sich mehr zu kämpfen
Keiner hat mehr wirklich Mut
Jeder will mit Geld nur glänzen
Niemand will den Dreck bekämpfen
*Und es gärt*
*Das böse Blut*

Rotlichtgrößen,
Kriminelle
Geben längst die Töne an
Willst du Sex mal auf die Schnelle
Kriegst du ihn an jeder Ecke
Geld regiert hier Frau und Mann

Lug und Trug und Schwindeleien
Prägen jenes dunkle Land
Wichtigtuer, die laut schreien
Die kassieren, gierig bleiben
Fördern all den Flächenbrand

Wahrheit wird flugs totgetreten
Wer nicht spurt,
Ist Populist
Und man brüllt:
*„Liebt uns, nicht jeden"*
Und ansonsten hilft nur beten
Weils sonst schnell zu Ende ist

Und es stinkt in allen Straßen
Weil nur noch das Geld regiert
Mancher Mob schmiert durch die Gassen
Und die Menschen pöbeln,
Hassen
*Wer nicht keift,*
*Der schnell verliert*

Das Niveau sinkt immer weiter
Alle Klugheit ward zerstört
Und das Volk wird nicht gescheiter
Und im Land wirds nicht mehr heiter
Hier im Land läuft was
*Verkehrt*

### Ein Stückchen Hoffnung

Es war am Rand der großen Stadt
Da lebte er mit sich allein
Dort, wo die Welt nichts Warmes hat
Hat er gelebt, allein, nicht satt
*Er wollt es nicht*
*Es musste sein*

So manchen Joint am Morgen schon
Den er gefunden irgendwo
Er triebs mit manchem Hurensohn
Für wenig Geld
Was macht das schon
Ein Stückchen Leben
*Oder so*

An einem Tag, der anders schien
Fand er den Mann
Der ihm gefiel
Er zog mit ihm mal her,
Mal hin
*Es machte alles einen Sinn*
*Vielleicht war das sein neues Ziel*

Der fremde Kerl hat ihn gemocht
Er fand ihn lustig sicherlich
Er hatte ihm mal was gekocht
Dort, wo der Specht ins Holze pocht
*Da sagte er: "Ich liebe dich"*

*In seinen Armen träumte er*
*Von manchem Glück*
*Vom fernen Land*
*Mit diesem Mann ans blaue Meer*
*Ein Stückchen Leben, das nicht leer*
*Ein bisschen nur die fremde Hand*

Doch irgendwann als Regen fiel
War jener Fremde plötzlich fort
*Und wieder neu*
*Das alte Spiel*
So arm und einsam, ohne Ziel
An einem kalten, stillen Ort

Ein Stückchen Hoffnung war da noch
Er dachte an den Fremden oft
Das hielt ihn fern
Von manchem Loch
Das schmolz dahin ganz sacht jedoch
Manch´ Träne aus den Augen tropft

Bald zog er weiter seinen Weg
Am Rand der Stadt mit seinem Joint
So Vieles schien vom Wind verweht
Sein Leben wohl total verdreht
Auf keiner Suche nach ´nem Freund

*Ein Husten quälte plötzlich stark*
*Das Blut lief ihm aus Nas´ und Mund*
*Der Hölle nah an Nacht und Tag*
*Er hielt sich noch*
*Hat nicht geklagt*
*Sein Leib so krank*
*Die Seele wund*

Halbtot und schwer
Fast wie ein Stein
Versank er unterm Blätterdach
*Am Rand der Stadt*
*So sollt es sein*
Nur er, sein Traum, der Mondenschein
Noch nie war er so hell und wach

Es war am Rand der kalten Stadt
Als er die Augen leise schloss
Dort wo der Wald noch Träume hat
Verschwand er still
Vom Leben matt
*Ein Stückchen Hoffnung*
*Gar nicht groß*

*Eines Staats-Weibs Schmieren-Truppe*
*Korrumpiert so manche Gruppe*
*Ha, die schmieren Parlamente*
*Dabei sind sie längst am Ende*
*Ja die sind – AMORE MIO*
*Lang ein Populisten-Trio*

**Populisten-Song**

Alle, die nach vorne denken
Alle, die sich selbst nichts schenken
Alle die, die noch was wollen
Alle, die nicht Augen rollen
Alle die sind großer Mist
Weil sie sind ein Populist

Und dann die, die immer schimpfen
Jene mit zerrissenen Strümpfen
All die Roten, Braunen, Gelben
All die Säufer und die Helden
Alle die sind Riesenmist
Weil sie sind ein Populist

Ach, dann gibt's noch Straßenschläger
Demonstranten auch
Manch´ Kläger
Und die Ewig-Gestern-Leute
Und die Arbeitslosen-Meute
Ja, ich ahn ganz ohne List
Dass die sind auch Populist

Die Nudisten, alle Coolen
Jene, die im Nabel pulen
All die Nasenbohrer – Schlingel
Und das Stadtstreicher-Gewimmel
Die sind das, was jeder ist
Eben nur ein Populist

Oh, ein Journalist, der winselt
Will mehr Geld für sein Gekritzel
Mischt die Wahrheit mit den Lügen
So soll er die Meinung biegen
Doch am Ende -ziemlich trist-
Bleibt auch er
Ein Populist

Ha, manch´ Bonzen, Tagediebe
Selbst die tollsten Küchensiebe
Jene Parlaments-Korrupten
Und die Speichellecker-Puppen
Auch am Haus das Stahlgerüst
Längst mutiert zum Populist

Alle, die von Kriegen wissen
Jene, die das Rheingold küssen
Und der Mörtel zwischen Ziegeln
Nord- und Südpol, jene Kühlen
Manche Aliens, Utopisten
Alles, alles Populisten

Da, manch´ Flugzeug in den Wolken
Das bisher noch unbescholten
Und die Vögel in den Bäumen
Die wohl nur vom Fliegen träumen
Und im Apfel jene Made
Zählt zur Populisten – Garde

Tief im Supermarktregale
Auf dem Berg
Im tiefen Tale
Fern am Strand, im Ozeane
In manch´ Kirsche und Banane
Selbst manch´ Hexen, Exorzisten
Hilfe, alles Populisten

Im TV keift man behände
*-Populisten legen Brände-*
Und man hetzt manch´ Sau durchs Lande
Wer nicht mitschreit, wird zur Schande
Jeder, der ein Gott nicht ist
Wird sehr schnell zum Populist

Kriminelle, Asoziale
Sind im Land hier das Normale
Bist du dumm, korrupt, versaut
Man dir goldene Brücken baut
Bist jedoch du Optimist
Bist du „Rechts" und Populist

Selbst der Mars, manch´ ferne Sterne
Sind längst Populisten – Schwärme
Und der Universum-Raum
Ward zum Populisten-Schaum
Stürme, Wolken, Wälder, Wetter
Alles Populisten-Kläffer

All der Wahn kennt kaum noch Grenzen
Denn auch Kinder, die gern schwänzen
Selbst Studierte, die noch denken
Autofahrer, die gut lenken
Jeder ist heut, was er ist
Nein, kein Mensch, nur Populist

Ja, der Bandwurm im Gedärme
Ward ein Populisten-Scherge
Donner, Blitz und Hagelschlage
Eine Populisten-Plage
Wenn ein Käuzchen nachts dich grüßt
Ist es wohl ein Populist

Jener Drogenring – adrett
Nicht nur asozial und fett
Keine heiße Rotlicht-Truppe
Keine Haschisch-Crystal-Suppe
Als ob wir's nicht besser wüssten:
Alles blöde Populisten

Bienen, Schweine, Ochs und Ziege
Tragen Populisten-Züge
Auch die Fische und manch' Wal:
*Pfui, 'ne Populisten-Qual*
Selbst die Filzlaus, ohne Mist
Ist schon längst ein Populist

Milben, Käfer, Floh und Motte
Eine Populisten-Rotte
Und im Wald manch' Beere, Pilz
Wohl nur Populisten-Filz
Selbst das Korn im Feld – *ich wüsst*
Logisch, klar, ist Populist

Man verdreht das ganze Leben
Meinung unterdrückt man eben
Was die Obrigkeit verkündet
Ist Gesetz und stets begründet
Wer hier denkt und Mensch noch ist
Tja, so ist's, ward Populist

Und die Insel-Kannibalen
Und die vielen Menschheitsqualen
All die dummen Tagediebe
Ja, auch die verirrten Triebe
Dies steht auf der großen Liste:
Eine Populisten-Wüste

Wer die Wahrheit sagt im Lande
Wird zur Populisten-Bande
Und es stinkt und fault und gärt
Überall ganz unbeschwert
Heimat stirbt
Scheint lang schon tot
Freiheit scheint absurd in Not

In manch´ stumpfem Radiosender
Manch´ ein Schuldner
Manch´ ein Pfänder
Die dort fixen
Die dort saufen
Alles Populisten-Haufen
Im TV gibt's keine Meister
Nur noch Populisten-Geister

Selbst die Luft, die alle atmen
Ward zum Populisten-Braten
Stürme, Blizzard, laue Brisen
Berge, Täler, grüne Wiesen
Auch die Sprache, alle Worte
Eine Populisten-Horde

Und so hetzt man immer weiter
Und so wird man nicht gescheiter
Und man will das Volk scharf spalten
Und man will die Angst verwalten
Und wer andrer Meinung ist
Richtig, der ist Populist

*Längst wird's mir schon schwindelig, drehend*
*Seh die Flaggen nicht mehr wehend*
*Seh wie Populisten-Haufen*
*Kreuz und quer durchs Lande laufen*
*Nein, ich bin kein Optimist*
*Bin*
*O Schreck*
*Ein Populist*

## Keine Heimat

Dies Land zerbricht im Nirgendwo
Im Drogenrausch zerfällt es schon
Es geht nicht weiter
Sowieso
Das Volk enttäuscht
Es ist nicht froh
Geduld und Hoffnung scheint wie Hohn

Dies Land zerbricht ganz laut und leis
Demokratie gibt's lang nicht mehr
Man hilft manch' Fremden
Jedem Scheiß
Jedoch das Volk geht laut
Und leis
Dies Land scheint mir so hohl und leer

Manch' Drogenring
Manch' Messestadt
Die Asozialen feiern sich
Manch' Schwarzgeld-Club fixt da sich platt
Weil man sonst nichts zu bieten hat
Und alles stinkt gar fürchterlich

Man fährt so manch' Professor auf
Sehr gut geschmiert
Lügt er sich frei
Der Feinstaub-Tod – er scheißt darauf
Er hetzt, kassiert im Dauerlauf
Die Menschen sind dem einerlei

Was böse scheint, das lügt man weg
Man hört den Leuten nicht mehr zu
Mit Arroganz schürt man manch´ Dreck
Das Land stagniert
Kommt nicht vom Fleck
Wenn -man- kassiert in aller Ruh

Versprochen ward dem Volk zu viel
Doch blieb von allem Lug und Trug
Für die da oben: Leichtes Spiel
Nur Geld und Macht
Ihr wahres Ziel
Das Volk jedoch hat längst genug

Das Stabs-Weib hält die Hand verschränkt
Sie ist nur blind
Recht dumm und taub
Sie hat dies Land ins Nichts gelenkt
Sie hat das Volk längst fortgedrängt
Mit Korruption ihr Amt versaut

Korrupt ein ganzes Parlament
Es schleimt und grinst und scheint nur faul
Es machts dem Stabs-Weib gut und recht
In deren Ländern doch läufts schlecht
Da hilft kein Schmieren-Plapper-Maul

Man lässt Paläste bauen sich
Milliarden Steuergelder – fort
Fürs Pöstchen-Schieben sicherlich
Lässt man das eigene Volk im Stich
Des Stabs-Weibs Gier diktiert den Ort

Die Menschen wollen leben doch
In diesem Land
In dieser Welt
Doch klafft im Land ein tiefes Loch
Es ist geteilt
Es hält wohl noch
Jedoch regiert längst Hass und Geld

Manch´ Dummheit wird durchs Dorf gehetzt
Der Dreck quillt hoch
Der Mob regiert
So manche Seele ward verletzt
Weil man da oben nur noch schwätzt
Schon bald das Land an Geist verliert

Und wer laut sagt, was richtig ist
Ward Populist
Ein böser Schelm
Das Volk hat satt den üblen Mist
Die Jugend brauchts
Nicht Lug und List
Und nicht des Stabs-Weibs Schmieren-Helm

Dies Land vergeht
Das hört nicht auf
Es bricht und gärt
Und ächzt
Und stockt
Ich fliehe bald
Im Dauerlauf
Und Heimat
Pfui, ich pfeife drauf
Das Land ist tot
Das Glück verzockt

## Nachsatz

So lügt und schmiert man immer weiter
Die Wut im Lande aber wächst
Doch die da oben prassen weiter
Das Volk, die Wahlen sind nicht heiter
Es krankt die Heimat
Schlimm verletzt

Wann jagt den Klüngel man von dannen
Wann ist mit all dem Bullshit Schluss
Wann geht's mal aufwärts in manch´ Landen
Ist „Heimat" wirklich noch vorhanden
Bleibt doch am End nur
Hass
Verdruss
?

## Annäherung

Man sagt, er brachte Menschen um
Ein Serienkiller, ziemlich fies
Man sagt, er sei sehr roh und dumm
Ich weiß – er brachte Kinder um
Sein ganzes Wesen – *total mies*

Ein Mann, so um die zwanzig Jahr
Nicht hässlich, dick, kein Supermann
Den Leuten ist wohl alles klar
Mir scheint so vieles sonderbar
Was dachte er so dann und wann

Zwei Jungen hat er umgebracht
*Er hats gestanden*
*Sitzt jetzt ein*
Er wird jetzt ziemlich schwer bewacht
Weil er sie eiskalt umgebracht
Im Knast will niemand "Mörder" sein

Ich melde mich beim Staatsanwalt
Denn ich will sprechen mal mit ihm
Er hat gemordet tief im Wald
An einem Tag, der bitterkalt
Sein Leben macht wohl kaum noch Sinn

Drei Tage später dann im Knast
Sitzt er mir gegenüber schon
Ich schau ihn an – er scheint so blass
Das Fenster wischt ein Regen nass
*Er ist so jung*
*Wie manch´ ein Sohn*

Sein Blick ist trüb
Er weicht mir aus
Will er nicht sprechen über *„Das"*
*Da ist kein Teufel*
*Auch kein Graus*
Doch ist er keine zahme Maus
Ich frage ihn: „Wieso, wie, was"

Durchs Fenstergitter flieht sein Blick
Kaum eine Regung spür ich, nichts
Vielleicht ist es auch nur ein Trick
Vielleicht ist ängstlich er ein Stück
*In diesem Knast*
*Jenseits des Lichts*

Zwei Wärter stehen vor der Tür
Die sind recht mächtig, stark und groß
Der Junge auf dem Stuhl vor mir
Scheint bleich und schwach
Kein wildes Tier
Die Hände zittern ihm im Schoß

Dann spricht er leis, so zaghaft, schwer
-Er hörte Stimmen laut in sich-
Ganz tief in ihm wards da so leer
Er sagt, er tut so was nie mehr
Doch tröstet das nicht ihn
*Nicht mich*

Ich denk, als er so mit mir spricht
An seine Opfer, die jetzt tot
Sie hatten Mütter sicherlich
Die leiden jetzt so fürchterlich
Er brachte so viel Leid
Und Not

Wie hält man´s aus, frag ich mich nur
Wie kann man das ertragen, wie
Er sagt es nicht
Ist er zu stur
Ist da von Reue keine Spur
Schläft man des nachts als Mörder nie

Doch alles, was er sagt und meint
Verwischt, verschwimmt im Zimmer hier
Als er dann vor mir kniet und weint
Als er kein Mörder und kein Feind
Ist selbst er Opfer – *ohne Zier*

Die Zeit verrinnt, ist bald vorbei
Man führt ihn fort
Man faucht ihn an
Noch einmal schaut er – *einerlei*
Die Uhr zeigt nachmittags um 2
Er ist ein Junge doch
Kein Mann

Allein bleib ich im Raum zurück
Steh langsam auf und schau und schweig
An diesem Ort, so fern vom Glück
Begreif ich nichts
Kein einzig´ Stück
Beinah tut er mir sogar leid

Wie seine Opfer – tot, vorbei
So starb er selbst – fort, wegradiert
Sein Leben sinnlos, aus, ein Schrei
Nie wieder Menschsein
Nie mehr frei
Nur noch ein Wesen, das erfriert

Die Leute rufen: „Tod dem Schwein"
„Wozu noch Knast für solchen Dreck"
Ich fühl mich ratlos – muss das sein
Doch wer vergibt
Macht man sich klein
Erfüllt die Todesstraf´ den Zweck

Viel später schreib ich den Bericht
Und weiß nicht, wie ich´s schreiben kann
Der Regen wäscht das Fensterlicht
Als man im Radio plötzlich spricht:
*Er hat erhängt sich*
*Irgendwann*

## Familiendrama

Sie lebte gut am Waldesrand
Mit Kindern, Gartenteich und Job
Ein schönes Haus dort, auf dem Land
*Jetzt ist sie tot*
*Was für ein Schock*

Man fand sie hinterm Haus
Im Teich
Das Wasser war vom Blut so rot
Sie war erfolgreich
Doch nicht reich
Man schoss sie nieder
In den Tod

Vom Mann war sie schon lang getrennt
Die beiden Kinder noch sehr klein
Den Nachbarn war sie niemals fremd
Sie war sehr nett
Trank manchmal Wein

Doch eines Tages in der Nacht
War da ein Fremder
*Wars ein Freund*
Hat Zutritt sich zum Haus verschafft
*Ein Schuss, kein Schrei*
*Und ausgeträumt*

Man fragte alle Nachbarn aus
Doch keiner hat den Mord vollbracht
Jetzt steht es leer, das kleine Haus
Und dunkel wird´s dort in der Nacht

Da fand die Waffe man im See
Daran ein winzig kleines Schild
Als fiel der erste Winterschnee
Hat sich der letzte Fluch erfüllt

Die Schusswaffe war registriert
Auf einen Mann
Den Ehemann
Wohl hat er alle angeschmiert
Er kam und hasste
*Schoss sodann*

Man nahm ihn fest
Und er gestand
Er wollt die Kinder ganz für sich
Als er die Kleinen nirgends fand
Hat er geschossen
Fürchterlich

Sie war an einem falschen Tag
Am falschen Ort
Zur falschen Stund
Ihr Mann wollt alles, ohne Frag
*Er war nicht krank*
*Und nicht gesund*

Er weinte, als er das gestand
Die Kinder kamen schnell ins Heim
Ab jenem Tag, als man sie fand
Sollts niemals mehr wie früher sein

*Nur eine Meldung im TV*
*Ein Drama irgendwo im Land*
*Sie war ´ne Mutter*
*Eine Frau*
*Ein Schicksal nur*
*Am Waldesrand*

## Der Terrorist

Er war ein ganz normaler Mann
In blauen Jeans und weißem Hemd
Gern sah er sich Museen an
Der ganz normale nette Mann
Ihm war's egal, ob man ihn kennt

Er hatte Arbeit, irgendwo
Mit seinem Geld kam er gut aus
Er war für alles, einfach so
War traurig manchmal, öfters froh
Er lebte in 'nem schönen Haus

Doch irgendwann schien alles trüb
Manch Langeweile schlich sich ein
Das, was ihm einstmals gut und lieb
Schien plötzlich schlecht, total verglüht
Er wollte richtig böse sein

So vieles sah er im TV
Manch Mörderclique fand er toll
Er war nicht dumm und auch nicht schlau
Doch, was er wollt, wusste er genau
Er hatte längst die Schnauze voll

Denn all der öde Biederkram
Mit Haus und Auto, Frau und Kind
Das alles kotzte ihn längst an
Nie mehr ein artig braver Mann
Er wollt dorthin, wo Kriege sind

So zog er fort aus seiner Stadt
Ins ferne Land, *zum Mörderclan*
Das Leben hatte er so satt
Er wollte stark sein und nicht matt
Und kam bald in der Ferne an

Dort freute man sich wirklich sehr
Ein neuer Kämpfer – *oh wie fein*
Er kam so arglos, stark daher
Ihm fiel der Wechsel gar nicht schwer
Aus seinem Herz doch ward ein Stein

Man gab ihm ein Gewehr sodann
Und Sprengstoff für den großen Knall
Er war einst ein normaler Mann
Der sah sich gern Museen an
*Doch ändert sich´s so Fall auf Fall*

Man schickte ihn flugs wieder fort
Zum Menschentöten für den Sieg
Er flog nach Haus, zum Heimatort
Mit reichlich Sprengstoff – *wie ein Sport*
Von dem am *End* nichts übrig blieb

In seiner Stadt, wo er mal froh
Sollt er nun morden voller Spaß
Er war für alles, einfach so
*War er nun glücklich oder froh*
*War wirklich da nur Wut und Hass*

Er setzte sich ins Kino dann
Die Leute kamen, lachten laut
Er war doch ein normaler Mann
*Er sollte töten, jetzt, nicht dann*
Er spürte seine Gänsehaut

Und er zog schnell am Sprengstoff-Gurt
*Gleich kracht es laut mit Feuerball*
Doch schien wohl irgendwas verzurrt
Ein Blitz zerriss den Todes-Gurt
Und traf ihn selbst mit vollem Drall

*Er sackte weg*
*Der Tod kam schnell*
Die Menschen rannten ängstlich raus
Im Kino ward es wieder hell
Sein Ende kam wohl ziemlich schnell
*Sieht so ein Heldensterben aus*

Er war ein ganz normaler Mann
*In blauen Jeans*
*Mit weißem Hemd*
Er wollte stark sein, *irgendwann*
Er sollte töten, jetzt, nicht dann
*Er schaffte, dass ihn jeder kennt*

## Das bisschen Leben

„*Was ist geschehen*", fragte sie
Man wusste nicht mal *wann und wie*
Das Kind lag tot im Garten dort
*Der Tag war trüb*
*Ein schlimmer Ort*

Die Mutter schwieg
Sie sagte nichts
Das bisschen Leben – fern des Lichts
Es war doch eine schöne Zeit
*Ihr Kind und sie*
*Ein Glück zu zweit*

So viel erlebten sie
*So viel*
Ihr Kind Zuhause und beim Spiel
Sie schaut´ die Fotos lange an
Und weinte auch – so dann und wann

Erinnerungen sind so tief
Das bisschen Leben
Nichts ging schief
Doch traf ihr Kind des Teufels Sohn
Und alle Hoffnung ward zum Hohn

*Was ist das Leben?*
*Was der Sinn?*
*Warum das Leben?*
*Wo geht's hin?*
*Hat Leben irgendeinen Zweck?*
*Ist es am End´ vielleicht nur Dreck?*

Sie schwieg!
Sie wusst die Antwort nicht!
Wohin sie ging?
Man weiß es nicht!
Ihr Kind, die Urne nahm sie mit
Vom Leben blieb ihr nicht ein Stück

*So oft sucht man nach einem Ziel*
*Ist Leben ernst?*
*Ist's doch nur Spiel?*
*Das bisschen Leben scheint nicht lang*
*Wohl weint man oft*
*So dann*
*Und wann*

## Der Obdachlose

Die Sonne strahlt und wärmt die Stadt
Dort ist es, wo man alles hat
Doch hinterm Park, im Brückenschacht
*Ist meistens Armut*
*Meistens Nacht*

Er zieht seit vielen Jahren um
Er war mal was
Er ist nicht dumm
Der Alkohol wärmt Sorgen fort
Und Ängste auch
*Und manches Wort*

Im Wohnungsamt lehnt man ihn ab
Ein Säufer, der so gar nichts hat
*Man will ihn nicht*
*Man schickt ihn fort*
Und wieder zieht er durch den Ort

Die Straße ward zur Heimat ihm
Sein Leben aber: *ohne Sinn*
Einst wollt' er mal so hoch hinaus
Am Ende blieb das Hinterhaus

Seit Tagen streikt die Leber sehr
Die Freundin weint
Es ist so schwer
Er bricht zusammen irgendwo
*Er kann nicht mehr*
*Das ist wohl so*

Von seinen Träumen blieb nicht viel
*Kein Platz zum Leben*
*Und kein Ziel*
Im Winter fror er sich bald tot
Es wärmte ihn nur Schnaps
*Sein Brot*

Gestorben ist er irgendwann
*Im Krankenhaus*
*Als armer Mann*
Er hat gehofft, geweint, gelacht
In seinem Heim
Im Brückenschacht

Die Beisetzung war still und trüb
Nur eine blieb
Sie hat ihn lieb
Sie weinte lang am kleinen Grab
Das einsam traurig vor ihr lag

Die Sonne scheint auf diese Stadt
Scheint warm und ruhig auf sein Grab
So einsam ist's am Brückenschacht
*Der Wind ist kalt*
*In jeder Nacht*

## Todesnachricht

*Still steht die Zeit*
*Die Zeit steht still*
Bei dem, was man nicht hören will
Die Sonne scheint und scheint doch nicht
Ein Blitz zuckt scharf in das Gesicht

Die Todesnachricht trifft so schwer
Wo kommt nur all die Trauer her
Warum geht's plötzlich her und hin
*Wo ist die Hoffnung*
*Wo der Sinn*

Dann sitzt man da, und weint noch nicht
Man starrt ins dunkle Deckenlicht
*Kein Wort fällt mehr*
*Es knackt nur leis*
Man weiß nicht mehr, was man doch weiß

Die Lähmung löst sich nimmermehr
Die Zimmer sind so leer, so leer
Man sucht nach irgendwas im Raum
*Man weiß nichts mehr*
*Man glaubt es kaum*

Soll man sich jetzt erinnern, ja
Soll man dran denken, was geschah
*Wo ist's passiert*
*Warum so schnell*
Im Kopf ist's dunkel, nicht mehr hell

Nein, eine Antwort gibt es nicht
Man starrt ins dunkle Deckenlicht
Es rinnen Tränen irgendwann
Man schaut im Spiegel sich lang an

Verdammt, das geht nicht wieder weg
*Bleibt ganz tief drin*
*Ein schwarzer Fleck*
Das Leben geht nun andersrum
*Es fragte nicht,*
*Bleibt hart und stumm*

Da hat man so viel schon geplant
*Hat viel gekämpft*
*Hat abgesahnt*
So sollt es immer weiter gehn
Jedoch ganz plötzlich blieb es stehn

*Still steht die Zeit*
*Die Zeit steht still*
Still steht das Herz, und das Gefühl
Wird es wohl weitergehen mal
*Man weiß es nicht*
*Man spürt nur Qual*

## Dark

Er hatte einen Baum gefunden
Auf einer Lichtung stand er da
Nach all den Jahren, Tagen, Stunden
Hat er wohl keinen Sinn gefunden
Und keiner ahnte die Gefahr

Sein Leben: Einst ein großer Flitter
Ein Glanz, der alles überstrahlt'
Doch unter all dem bunten Glitter
Erkannte man nicht all die Gitter
Die von manch Lächeln übermalt

Er hatte Kinder, schien zufrieden
Er hatte eine hübsche Frau
Doch ward ihm wohl kein Glück beschieden
Denn tief in ihm war's schwarz geblieben
All seine Hoffnung blieb so grau

Reich war er nicht, doch auch nicht ärmlich
Den Job erledigte er gern
Nur selten ging es ihm erbärmlich
Er war kaum krank
Nie ging's beschwerlich
So manche Sorge schien ihm fern

Doch griff er oft zur Wodka-Flasche
Der Alkohol regierte ihn
Von seinen Wünschen blieb nur Asche
Er sagte nichts
Wohl seine Masche
Der Alkohol raffte ihn hin

An einem dunklen Regentage
Hat er sich von der Frau getrennt
Er fand sein Leben viel zu vage
Tief in ihm blieb die bange Frage:
*Wo liegt des Lebens wahrer Sinn?*

Nun hatte er, was er stets wollte:
*Alleinsein, Suff*
*Er war so frei*
Doch nachts, wenn manch ein Alb laut grollte
Schien ihm, dass ihn der Teufel holte
Und jeder Traum ward längst wie Blei

Die Ängste trübten seine Seele
Er traute sich kaum noch hinaus
Der Schnaps rann ihm durch Mark und Kehle
Er hörte Stimmen und Befehle
Und hielt sein Leben nicht mehr aus

An jenem Tag, als Hagel knallte
Lief er davon
Ihn hielt nichts mehr
Ein Sturm ihm in die Augen prallte
Und Donner durch die Straßen hallte
Er fühlte nichts – und nichts war schwer

Wohl hat er einen Baum gefunden
Auf jener Lichtung, dort, im Wald
Vorbei ein Leben, das zerschunden
Nie heilten ab die tiefen Wunden
Er war noch jung
Und doch schon alt

## Besuch

Man spricht so viel
Man redet gern
Man findet Vieles schlimm und gut
Doch manchmal sind die Worte fern
Dann spricht man nicht mehr viel und gern
Dann steht man da
Dann stockt das Blut

In Auschwitz war's
Am düstern Ort
Ich schau mich um und schweig und schweig
Da fehlt mir Freude, jedes Wort
Ein Wind weht alte Ängste fort
Kalt fühlt sich an mein menschlich' Leib

Mein Schritt fällt schwer
Ich weine nicht
Hier, wo man nicht mehr weinen kann
Zu sehr erstarrt mein Angesicht
Hier ist's so trüb – es fehlt an Licht
Zu viel ist damals hier verbrannt

Ich seh ein Kind
Es winkt mir still
An diesem Ort, der mir so fremd
Dann ist es fort mit anderm Ziel
In Auschwitz war's ein böses Spiel
Hier, wo die Zeit die Toten kennt

Der Drahtzaun jetzt
Ist ohne Strom
Kein Mensch, der tot an ihm verlischt
Ein Drahtzaun mahnt als letzter Hohn
Kein Hass, kein Mord, kein toter Sohn
Und keine Mutter, die zerbricht

Als ich dann geh
Bin ich nicht stumm
Courage braucht es, Mut zum Wort
In Auschwitz war's
Ich dreh mich um
In unsrer Zeit braucht's Kraft und Mumm
Gedenken, Trauer, diesen Ort

## Abgrund

Düsternis zieht durch die Straßen
Färbt Gesichter aggressiv
Wilder Mob ist kaum zu fassen
Hass und Totschlag in den Gassen
Überall liegt Terror-Mief

Nebelfeuchtes Donnergrollen
Längst kein Mondlicht mehr zu sehn
Mancher bleibt im Schlamm verschollen
Alle, die noch Frieden wollen
Rennen, bleiben nicht mehr stehn

Schüsse schlagen durchs Verderben
Schreie hallen durch die Nacht
Mancher Traum
Schon längst in Scherben
Niemand weiß, was wird noch werden
Nirgendwo noch Hoffnung wacht

Doch in irgendeinem Keller
Ist ein Licht, so schwach und klein
Es wird größer immer schneller
Es wird hell und immer heller
Will schon bald sehr mächtig sein

Und aus jenem schwachen Lichte
Wächst ganz neue Hoffnung schon
Neue Kraft im Angesichte
Menschen ändern die Geschichte
Bauen einen Freiheits-Thron

## Der Junge

Es zogen die Menschen aus dem so fremden Lande
Hinaus in die Fremde, zu dem sehr langen Strande
Sie wollten nur ganz einfach weg von Zuhause
Sie gaben sich selbst, der Familie nie Pause
Und zogen und liefen flugs zum Weltenrande

Es waren so viele, die nimmermehr blieben
Ach, so viele Seelen, die himmelwärts schrien
Es waren Familien, die in Armut und Kriege
zu suchen begannen nach Glück, Geld und Liebe
Man hätte sie sonst wohl zu Tode getrieben

Ja, auch jenes Kind, dieser schwarzhaarige Junge,
zog fort mit den Eltern, mit pfeifender Lunge
Zum Strand aller Märchen, zur Küste der Wunder
Zum riesigen Meer, mit manch Fisch
Und manch Flunder
Er schaute so lieb, hatte Augen, so runde

Man sagte, da hinter dem brausenden Wasser
verbirgt sich das Gute, ward die Welt nie mehr blasser
Dort ist ewiger Reichtum, sind nett alle Leute
Dort gibt es kein Elend, keine hungrige Meute
Dort gibt's keinen Krieg, keine ewigen Hasser

Der Sturm war so stark
Am Meer, an der Küste
Fern lag ihre Heimat, diese schreckliche Wüste
Verträumt schaut´ der Junge hinaus in die Ferne
Es sah dort am Himmel all die funkelnden Sterne
Und er sah auch den Mond, der gelächelt und grüßte

Und dann auf der schlingernden
Schlauchboot-Schaluppe,
Da gab's nichts zu essen, nicht mal eine Suppe
Dreihundert gefangen im Seelenverkäufer
Gehofft und gebetet zu Gott und manch Täufer
Doch war da nicht einer, der klagte und murrte

Ganz plötzlich dort draußen im tosenden Meere,
Da schlugen die Wogen mal hoch und mal quere
Das Boot sank so schnell in die dunkelsten Tiefen
Es war Mitternachte, ach, wo alle schliefen
Darüber hin klatschte das Wasser mit Schwere

Von all diesen Menschen, dem Jungen, dem kleinen,
Blieb nichts als nur Tränen, ich kann nur noch weinen
So viele geblieben im schäumenden Meere
Es schlugen nur hoch all die Wasser, voll Schwere
Am Meeresgrund war's reich an Stille und Steinen

Gestorben die Hoffnung, die Sehnsucht nach Frieden
Die Freiheit der Leute
Im Sturm fortgetrieben
Dem Tod nicht entkommen, Familien und Kinder
Warum so viel Kälte
Warum so viel Winter
Die Menschlichkeit längst auf der Strecke geblieben

Es gehen die Stunden,
Es ziehen die Tage
Es fliehen die Menschen – mir bleibt nur die Frage:
*Was wird, wenn auch ich aus der Heimat mal fliehe*
*Wird dann jemand sein,*
*Der mich aufnimmt mit Liebe*
*Bleibt übrig nur Trauer, nur Tränen und Klage*

Doch sah jener Junge die funkelnden Sterne
Er flog hoch ins All, bis hinauf in die Ferne
Ich hör ihn noch singen, den schwarzhaarigen Jungen
Er hat von der Liebe im Traumland gesungen
Ich denk oft an ihn,
Hab ihn wirklich sehr gerne

## Drogentod

Ich treff sie dort, wo alles leer
In jener Bronx, am Rand der Zeit
Das Lachen fällt ihr schwer, so schwer
Und machen Traum, den gibt's nicht mehr
So manche Hoffnung scheint so weit

Die Spritze in der rechten Hand
Den Stoff fest in der linken Faust
Ansonsten total abgebrannt
So lehnt sie weinend an der Wand
Ein Dealer um die Ecke saust

Ich frage sie, wie's sonst noch steht
Ist sie alleine oder nicht
Sie sagt, ihr Leben sei verdreht
Für Kind und Mann sei's längst zu spät
*Nur manchmal Sex*
*Jenseits vom Licht*

Für zwanzig Dollar irgendwo
Dann reicht's auch für den nächsten Schuss
Sie meint, ihr Leben sei halt so
Für wenig Geld ins Nirgendwo
So sollt es sein wohl bis zum Schluss

Der Regen wäscht die Stufen ab
Auf welche sie ganz plötzlich sinkt
*Ich will ihr helfen*
*Sie winkt ab*
Ein kalter Stein, einsames Grab
Hier, wo es nur nach Abfall stinkt

Sie schließt die Augen sanft und lieb
Wie manches Kind, das schlafen will
Was für ein Schicksal sie wohl trieb
An jenen Ort, wo's ewig trüb
Sie liegt nur da und schläft ganz still

Ich sitz bei ihr
Der Mond scheint matt
Ich wein um sie
Doch sie ist fort
Man holt den Leichnam wortlos ab
Ob sie's im Himmel besser hat
Vielleicht ist's dort ein guter Ort

Es ist schon Nacht, so gegen 3
Ich fahre ins Hotel zurück
In jener Welt, wo alles frei
Hört niemand mehr den stummen Schrei
Den Drogentod, fernab vom Glück

Da spricht ein Pfarrer im TV
Und viele andre nicken brav
Man stellt die Armen dann zur Schau
Und spricht ansonsten klug und schlau
Und legt sich dann zum süßen Schlaf

Ich sah sie dort, wo alles schwer
*In jener Bronx*
*Am Rand der Zeit*
Die junge Frau gibt es nicht mehr
Sie starb ganz einsam, wortlos, leer
Es bleibt kaum Hoffnung
*Nur noch Leid*

## Eine Weihnachtsgeschichte

Ein Weihnachtsabend gegen 3
Das junge Paar sitzt unterm Baum
Ein kleines Kind ist auch dabei
Es ist an Weihnacht gegen 3
Was für ein schöner Weihnachtstraum

Gleich gibt's Geschenke reichlich, satt
Das Kind, gespannt, ist voll von Glück
Der Weihnachtsmann kommt in die Stadt
Und bringt Geschenke, reichlich, satt
Und Papa kennt den Weihnachtstrick

Er geht hinaus und lächelt leis
Und sagt noch schnell: *„Gleich ist´s soweit"*
Die Spannung steigt, dem Kind wird´s heiß
Der Papa lächelt nur ganz leis
Und so vergeht die Stund, die Zeit

Die Mutter nimmt das Kind zu sich
Und streichelt sacht ihm übers Haar
*„Wo bleibt der Papa"*, fragt sie sich
Und nimmt das Kind ganz sacht zu sich
Der Weihnachtsmann ist noch nicht da

Der Abend geht, längst schläft das Kind
Es hat nach Papa kurz gefragt
Vorm Hause streicht ein eisig´ Wind
Die Mutter bracht ins Bett das Kind
Und hofft am Fenster voller Klag

Wo bleibt der Papa, wo der Mann
Warum in dieser Weihnachtsnacht
Lang schaut im Spiegel sie sich an
Wo bleibt nur unser Weihnachtsmann
Hat der sich aus dem Staub gemacht

Am nächsten Morgen klingelts früh
Zwei Polizisten stehn vorm Haus
Sie stelln sich vor und fragen sie
Für manche Nachricht ist's zu früh
So sieht kein Weihnachtsmorgen aus

Man fand den Wagen irgendwo,
Zerschellt an einer Häuserwand
Da war das Glatteis, einfach so,
In einer Straße, irgendwo
Den Toten man erst morgens fand

Die Polizisten gehen schnell
Nach Haus, wo Weihnachtsmusik singt
An jenem Morgen wird's nicht hell
Und mancher Tod kommt eben schnell
Manch' Papa nie Geschenke bringt

Das Kind erwacht so gegen 10
Und fragt nach seinem Papa bald
Die Mutter bleibt im Zimmer stehn
Es ist an Weihnacht, früh um 10
Und in der Wohnung ist's so kalt

Sie nimmt das Kind in ihren Arm
Und drückt es fest ans Mutterherz
*„Wolln wir zum Weihnachtsmann jetzt fahrn"*
Sie hält das Kind ganz fest im Arm
Und schluckt hinunter ihren Schmerz

Und alle Fragen bleiben fort
Es gibt auch keine Fragen mehr
Wo gestern noch ein schöner Ort,
Bleibt aller Weihnachtszauber fort
Der Weihnachtsmann kommt nimmer mehr

Sie steigt ins Auto mit dem Kind
*„Komm lass nach Papa uns jetzt schaun"*
Es weht nur eisig kalt ein Wind
Sie fährt davon mit ihrem Kind
Auch draußen steht manch´ Weihnachtsbaum

Man sieht sie rasen übers Land
Es fällt der Schnee so weiß und dicht
Sie nimmt das Kind fest an die Hand
Es ist doch Weihnachten im Land
Die nächste Kurve sieht sie nicht

Dann ward es still – *kein Schnee, kein Wind*
Nur einsam steht ein Weihnachtsbaum
Sie stieg ins Auto mit dem Kind
Und wollt zum Weihnachtsmann geschwind
Nur einmal noch den Weihnachtstraum

Und irgendwo zur Weihnachtszeit,
Da wartet manches Kind verzückt
Auf Papa mit dem Weihnachtskleid
Am Himmel hoch zur Weihnachtszeit
Da sind drei Sterne voll von Glück

## Eine Mutter

Die Arbeit war so hart, so schwer
Und die Familie wollte Zeit
Sie jagte hin, sie jagte her
Das Leben war entsetzlich schwer
Ihr schmerzte arg der Kopf, der Leib

Fürs Kind ein schönes Handy, neu
Der Mann verlangte auch sein Recht
Die Lebenszeit ging schnell vorbei
Und manches Handy blieb nicht neu
Am Abend fühlte sie sich schlecht

Sie funktionierte irgendwie
Und träumte sich in manchen Traum
Da war die ferne Melodie
Die war so schön, ja, irgendwie
Und draußen rauschte leis ein Baum

Doch dann am nächsten Morgen, ach
Da ging die Hatz von vorne los
Sie schuftete für Kind und Dach
Und wollte mit dem Mann kein´ Krach
Und fragte nie: *„Was mach ich bloß"*

Dann, eines Tages gegen 10
Ging es ihr schlecht, wie nie vorher
Da war ein Klopfen in ihr drin
Es war am Morgen gegen 10
Wo kam nur diese Schwäche her

Sie schwankte hin, sie schwankte her
Es ward ihr übel, sie sank hin
Ein Schmerz im Kopf, es brannte sehr
Sie fiel so leicht und gar nicht schwer
War -das- vielleicht ihr Lebenssinn

All die Gedanken flogen fort
Sie dachte an den Mann, das Kind
Mit Blaulicht und besorgtem Wort
Da brachte man sie endlich fort
Dorthin, wo alle Kranken sind

In einem weißen Zimmer dann
Erwachte sie und träumte nicht
Sie dachte an das Kind den Mann
In jenem weißen Zimmer dann
In jenem weißen kalten Licht

Ja, da begriff sie Stück für Stück
Dass ihre Hatz nichts bringen konnt
Sie lebte zwar, doch ohne Glück
Und das begriff sie Stück für Stück
Nie hatte sie sich je geschont

Da liefen Tränen ohne Zahl
Und aller Stress entlud sich arg
Vorbei die schlimme Seelenqual
Es flossen Tränen ohne Zahl
Man ist nicht immer groß und stark

Und der Professor setzte sich
Leis an ihr Bett, nahm ihre Hand
Dann sprach er nur: *„Ganz sicherlich*
*Geht's nicht so weiter, hoffentlich.*
*Denn Ihre Seele ist verbrannt"*

Sie wusste das und schwieg
Und schwieg
Die Ängste waren noch zu groß
Das Kind, der Mann,
Die waren lieb
Und sie lag hier und schwieg
*Und schwieg*
Und dachte nur: *„Was mach ich bloß"*

Zwölf Wochen fort, im Krankenhaus
Die Kräfte kehrten bald zurück
Dann, irgendwann ging es nach Haus
Im Blickwinkel das Krankenhaus
Und der Professor wünschte Glück

Sie kündigte den alten Job
Und fand ihr Leben wieder neu
Sie fand den Weg, und sie fand Gott
Fort mit dem Stress, dem alten Job
Mit Kind und Mann im frischen Heu

So manche Arbeit wiegt so schwer
Blind rennt manch Mensch durch seine Zeit
Doch alle Hatz nach noch viel mehr
Die bringt das Glück nicht hin, nicht her
Und Leere ist's, die übrig bleibt

## Dark 2

Häftling Nummer Drei-Vier-Acht
zieht durch Regen und die Nacht
Zwanzig sind sie an der Zahl
Gehen durch ein tiefes Tal
Stolpern durch die dunkle Nacht

Keiner fragt sie, sie sind stumm
Laufen nur im Kreis herum
Irgendwo in einem Knast
haben sie die Zeit verpasst
Laufen nur im Kreis herum

Und der Häftling schaut sich um
Läuft nicht aufrecht, läuft so krumm
Und der Wärter schreit ihn an:
„Los geh weiter, schneller, Mann!"
Er läuft weiter- ängstlich,
*Krumm*

Dabei träumt er nur vom Glück
Von der Freiheit, nur ein Stück
Doch der Traum stirbt in der Nacht
Niemals mehr die Sonne lacht
Von der Freiheit gibt's kein Stück

Damals wars, er wurde schwach
Dachte wohl nicht lange nach
Schoss auf Menschen, zwei- dreimal
Schoss sich selbst ins Jammertal
Nein, er dachte gar nicht nach

Für Sekunden unbedacht
Für ein Leben in der Nacht
Regen im Laternenlicht
Nein, die Freiheit gibt's hier nicht
Nur die furchtbar kalte Nacht

Und er zittert und er friert,
bis man ihn zur Zelle führt
Mit fünf andern ist er dort
Nein, das ist kein schöner Ort
Wärter sind so ungerührt

So vergeht das Jahr, die Zeit
Freiheit ist unendlich weit
Häftling Nummer Drei-Vier-Acht
weiß nicht, wie die Sonne lacht
Und die Hoffnung ist so weit

Irgendein Artikel schreibt:
*„Ein Häftling starb in Dunkelheit!"*
Wohl wars auch kein guter Mann
Man fand ihn irgendwo
*Und wann*
*Am tristen Ende aller Zeit*

## Am Grab

Der Regen rieselt durch die Äste
Bin auf dem Friedhof ganz allein
*Gedanken um des Lebens Reste*
*Stelln kühl in meinem Kopf sich ein*

Hier ist's so ruhig, endlose Stille
Nur Regen fällt auf manches Grab
*So endgültig*
*Ein letzter Wille*
Hier, wo man nichts zu sagen wagt

Da giert und jagt man durch die Zeiten
Da jammert man und will noch mehr
Man spürt nicht, wie die Jahre eilen
*Wie alt man wird*
*Und schwach und leer*

Die Jugend ist nicht festzuhalten
Der Reichtum nicht und nicht das Gut
Nichts ist auf ewig aufzuhalten,
Weil irgendwann erstarrt das Blut

So will ich Einhalt mir gebieten
Denn viel zu schnell komm ich hierher
Sollt wieder neu mein Leben lieben
Sollt Lieder singen
*Und noch mehr*

Der Regen rieselt durchs Geäste
Und dunkel wird's im Friedhofshain
Was tu ich mit des Lebens Reste
*Schlag hoch den Kragen und geh heim*